Bibliografische Information der Deutschen Nationalbibliothek:

Die Deutsche Bibliothek verzeichnet diese Publikation in der Deutschen National-
bibliografie; detaillierte bibliografische Daten sind im Internet über http://dnb.d-
nb.de/ abrufbar.

Impressum:

Copyright © 2014 GRIN Verlag, Open Publishing GmbH
Druck und Bindung: Books on Demand GmbH, Norderstedt Germany
ISBN: 978-3-668-09317-1

Dieses Buch bei GRIN:

http://www.grin.com/de/e-book/310457/content-delivery-networks-ein-ueberblick

Adrian Jan Jablonski

Content Delivery Networks. Ein Überblick

GRIN Verlag

GRIN - Your knowledge has value

Der GRIN Verlag publiziert seit 1998 wissenschaftliche Arbeiten von Studenten, Hochschullehrern und anderen Akademikern als eBook und gedrucktes Buch. Die Verlagswebsite www.grin.com ist die ideale Plattform zur Veröffentlichung von Hausarbeiten, Abschlussarbeiten, wissenschaftlichen Aufsätzen, Dissertationen und Fachbüchern.

Besuchen Sie uns im Internet:

http://www.grin.com/

http://www.facebook.com/grincom

http://www.twitter.com/grin_com

Content Delivery Networks - Ein Überblick

Adrian Jablonski

Zusammenfassung

Für die Betreiber großer Webportale ist es von entscheidender Bedeutung, dass ihre Inhalte wie Bilder bzw. Videos schnell und zuverlässig an ihre Endnutzer ausgeliefert werden können. Zu diesem Zweck haben sich *Content Delivery Netzworks*, kurz *CDNs*, etabliert. Sie bestehen aus einer weltweiten, dezentralen Server-Infrastuktur, über die Webinhalte an Endnutzer verteilt werden können. Im Folgenden wird zunächst erläutert, wie ein CDN prinzipiell funktioniert und für welche Probleme es einen Lösungsansatz darstellt. Anschließend werden die Techniken und Algorithmen beschrieben, die von CDNs verwendet werden, u. a. das Problem der Server-Platzierung sowie Methoden zur Replikation und Auslagerung der Inhalte. Zum Schluss wird eine Kombination von CDNs mit Peer-To-Peer-Netzen vorgestellt, wie auch ein Überblick über den Markt kommerzieller CDN-Anbieter gegeben.

1 Einleitung

Die schnelle und zuverlässige Auslieferung von Inhalten ist eines der grundlegenden Herausforderungen, denen sich Anbieter großer Webportale stellen müssen. Besitze ein solcher Anbieter beispielsweise nur eine einzige Serverfarm an einem bestimmten Standort, und biete eine populäre Webplattform bereit, die täglich von hunderttausenden Besuchern weltweit benutzt wird. Dabei stellt der Anbieter fest, dass zu den Zeiten, zu denen gehäuft Nutzer aus seiner Umgebung auf das Angebot zugreifen, der Zugriff für Nutzer aus anderen Gegenden merklich verlangsamt ist. Ebenso dauert die Auslieferung an Nutzer aus anderen Ländern bzw. Kontinenten ebenfalls spürbar länger. Ursache davon sind die Ausbreitungs- und Latenzzeiten, die mit zunehmender Entfernung ansteigen, sowie die Tatsache, dass eine hohe Zugriffszahl zu einer hohen Auslastung der Netzwerkinfrastuktur führt.

Diese Probleme lassen sich durch die Verwendung eines sogenannten *Content Delivery Networks* (dt. Netzwerk zur Auslieferung von Inhalten; kurz *CDN*) umgehen. Es handelt sich hierbei um eine Infrastruktur weltweit verteilter, sogenannter *Surrogat-Server* (Stellvertreter-Server), die jeweils Kopien der Inhalte des Ursprungs-Servers (in obigen Beispiel derjenige am Standort des Anbieters) bereitstellen. Die Kommunikation unter Verwendung eines CDNs findet nicht direkt zwischen den Clients der Nutzer und den Ursprungs-Servern des Anbieters, sondern zwischen den Clients und den Surrogat-Servern respektive den Surrogat-Servern und den Ursprungsservern statt. Durch Platzierung der Surrogat-Server an sinnvoll gewählten, weltweit verteilten Standorten wird jedem Nutzer ein schneller Zugriff auf die Inhalte ermöglicht sowie die Möglichkeit einer hohen Netzwerkauslastung verringert. In Anlehnung an den Artikel von Pallis et al. [PaVa06] wird im Folgenden die Funktionsweise sowie die grundlegenden Herausforderungen, die sich durch den Betrieb eines Content Delivery Networks ergeben, erläutert. Ferner werden aktuelle Forschungen und Entwicklungen im CDN-Bereich vorgestellt.

2 Abrufen von Inhalten mittels HTTP

Die Unterschiede, die sich aus der Verwendung eines CDNs ergeben, sollen anhand des folgenden Beispiels erläutert werden. Stellen wir uns dafür folgendes Szenario vor, wie es im klassischen Fall, d.h. ohne Verwendung eines CDNs, ablaufen würde: Ein Client möchte eine Webressource, in diesem Fall eine HTML-Datei, von einem Server www.example.com abrufen. Dafür führt der Client zunächst einen DNS-Request aus, um an die IP-Adresse des Servers zu gelangen. Anschließend wird eine HTTP-Anfrage an diese IP-Adresse initiiert, und der Server beantwortet diese durch Versenden der HTML-Datei als eine Folge von IP-Paketen. Aufgrund der physikalischen Beschränkung der Übertragungsgeschwindigkeit und ineffizienter Routing- bzw. Kommunikationsmechanismen [NySS10] führt eine zunehmende Entfernung zwischen Client und Server zu einer merklichen Erhöhung der Paketumlaufzeiten[1] um ein Vielfaches sowie einer deutlichen Verringerung der Datenraten auf ein Bruchteil des ursprünglichen Wertes. Somit kann eine HTTP-Anfrage unter Umständen mehrere Sekunden andauern, was ein eine unerwünschte und zu vermeidende Situation darstellt. Folglich stellt geografische Nähe zwischen Server und Client ein entscheidendes Kriterium für die schnelle und zuverlässige Auslieferung von Webinhalten dar. Darüber hinaus kann es bei einer großen Anzahl an Zugriffen auf diesen Server zu einer hohen Auslastung der Verbindung und des Servers selbst kommen, beispielsweise wenn viele Nutzer von weltweit verteilten Standorten auf diesen Server zugreifen möchten. Die hohe Auslastung des Servers führt ferner dazu, dass ihm weniger Ressourcen zur Bearbeitung von HTTP-Anfragen bereitstehen, und diese dann jeweils länger andauern oder überhaupt nicht beantwortet werden können.

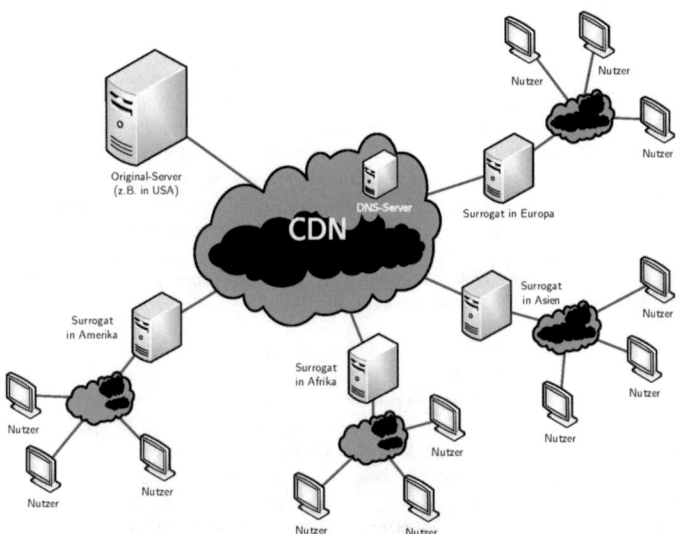

Abbildung 1: Prinzip-Schema eines *Content Delivery Networks*, Eigene Darstellung.

---

[1] Die *Paketumlaufzeit* (engl. *Round Trip Time* (RTT)) ist die Summe der Laufzeit eines Pakets und der Laufzeit des Antwortpakets bzw. Quittung und ist neben der Latenzzeit ein wichtiges Kriterium zur Bestimmung der Leistung von Netzwerken.

Das Content Delivery Network umgeht diese Probleme, indem es den angebotenen Dienst dezentralisiert. Die HTTP-Anfrage aus dem obigen Beispiel würde lediglich an einen Surrogat-Server geleitet werden, der sich in der Nähe des Standortes des Clients befindet. Zur Bestimmung, an welchen Surrogat-Server eine Anfrage geleitet werden soll, verwenden CDNs hauptsächlich zwei verschiedene Techniken, namentlich das *DNS-Forwarding* sowie die *URL-Rewrite-Methode* [KrWZ01]. Beim DNS-Forwarding betreibt das CDN selbst autoritative[2] DNS-Server, sodass Domain-Namen standortabhängig auf unterschiedliche IP-Adressen, und zwar die der Surrogat-Server, aufgelöst werden. Der DNS-Server kann dabei je nach Auslastung etc. des CDNs zu unterschiedlichen Surrogat-Servern umleiten (sog. *Load-Balancing*). Durch einen niedrigen Time-To-Live-Eintrag (TTL) im DNS-Response-Header wird hierbei verhindert, dass der Client das DNS-Mapping zu lange zwischengespeichert und ermöglicht somit dem CDN, schnell auf Änderungen der Netzwerklast o.ä. zu reagieren. Bei der URL-Rewrite-Methode dagegen ist das Umschreiben von URLs nach bestimmten Mustern, um Anfragen auf Surrogat-Server umzuleiten. Es wird hauptsächlich für eingebettete Inhalte wie Bilder und Videos verwendet, wohingegen das DNS-Forwarding hauptsächlich bei den HTML-Seiten selbst Verwendung findet. Beispielhaft würde die URL eines PNG-Bildes `www.example.com/images/picture.png` auf eine URL des Surrogat-Servers, die die ursprüngliche URL als Parameter enthält, umgeschrieben werden, z. B. `cdn.surrogate.net /www.example.com/images/picture.png` . Durch Verwendung dieser beiden Techniken ist es möglich, dass Inhalte einer einzelnen HTML-Seite von unterschiedlichen Surrogat-Servern stammen; der Ablauf ist dem Nutzer jedoch völlig verborgen und das Load-Balancing ermöglicht kurze Latenzzeiten beim Abruf der jeweiligen Ressourcen. Zu beachten ist, dass der Einsatz eines CDNs keinesfalls auf reine Webanwendungen beschränkt ist.

3 Das Webserver Replica Placement Problem

Für den Betrieb eines CDNs ist es wichtig, die Surrogate-Server derart auf dem Globus zu platzieren, dass der Nutzen des CDNs maximiert und die dabei entstehenden Kosten minimiert werden. Dieses Problem wird als *Webserver Replica Placement Problem* bezeichnet und lässt sich wie folgt algorithmisch formulieren [QiPV01]: Das CDN wird als zusammenhängender Graph modelliert, dessen Knotenmenge aus den m möglichen Standorten für eine bestimmte Anzahl n an Surrogat-Servern (wobei $n < m$) sowie den Clients, die auf das CDN zugreifen sollen, besteht. Die Kanten dieses Graphen repräsentieren die (möglichen) Verbindungen zwischen den einzelnen Standorten bzw. Rechnern, und die Kantengewichte entsprechen, je nach betrachtetem Fall, verschiedenen realen Interpretationen wie z.B. der Latenzzeit oder der Hop-Anzahl. Nun gilt es die m Server derart zu platzieren, dass die Kosten für Anfragen bei Verwendung dieser Platzierung minimal werden. Die Kosten c_{ij} für eine solche Anfrage von einem Knoten i zu einem anderen Knoten j sind dabei definiert als deren Distanz im Graphen.

Die Entwicklung entsprechender effizienter Algorithmen für dieses NP-harte Problem [QiPV01] war und ist Teil der aktuellen Forschung an CDNs. Im Folgenden werden zunächst zwei Algorithmen vorgestellt, die auch im Übersichtsartikel von Pallis et al. erwähnt [PaVa06], sowie von Qui et al. in [QiPV01] beschrieben werden. In Abschnitt 3.3 wird anschließend Weiterentwicklung [SzPS05] eines dieser Algorithmen vorgestellt.

---

[2]Autoritative DNS-Server sind diejenigen DNS-Server, die für einen bestimmten Bereich (DNS-Zone) zuständig sind.

3.1 Der greedy-basierte Algorithmus

Der *greedy-basierte* Algorithmus stellt eine eher einfache Methode dar, Platzierungen für Surrogat-Server zu finden. Eine solche Platzierung ist dann (annähernd) optimal, wenn die Kosten, die durch Zugriffe aller Clients auf die Surrogat-Server entstehen, minimal werden. Ferner nimmt der hier vorgestellte Algorithmus zur Vereinfachung an, dass ein Client jeweils nur auf einen einzigen Surrogat-Server zugreift, d.h. dass Anfragen eines Clients immer an den gleichen Surrogate-Server gerichtet sind.

Der Algorithmus läuft wie nun folgt ab, indem er m Iterationen ausführt: In der ersten Iteration werden für jeden der m potentiellen Standorte die gesamten Anfrage-Kosten $\sum c_{kl}$ für Anfragen zwischen jedem der Clients k und dem aktuell betrachteten Serverstandort l berechnet, und derjenige Serverstandort gewählt, für den sich die geringsten Kosten $\sum c_{kl} = min$ ergeben.

In jeder weiteren Iteration wird nun angenommen, dass die bereits ausgewählten Server fest platziert sind und Anfragen daher auch über diese geleitet werden können. Ansonsten findet die Berechnung analog zur ersten Iteration statt. Dies wird solange wiederholt, bis alle n Server platziert worden sind.

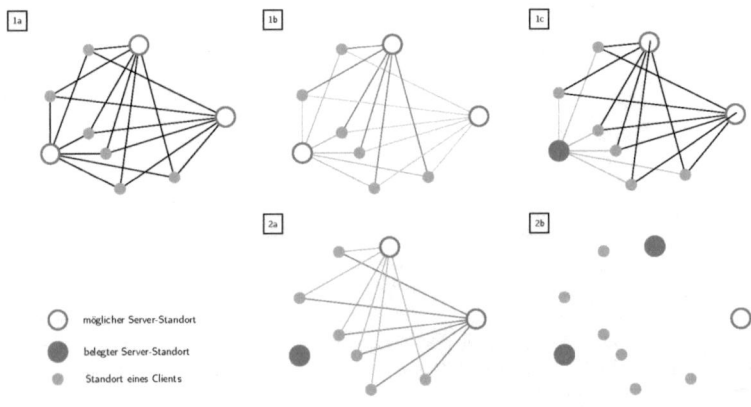

Abbildung 2: Ausführung des *greedy-basierten Algorithmus* mit $n = 2$ und $m = 3$. Eigene Darstellung.

Da dieser Algorithmus m-mal jeden Pfad zwischen den n potentiellen Serverstandorten betrachtet, hat er eine asymptotische Laufzeit von $O(n^2 m)$. Qiu et. al. [QiPV01] vergleichen diesen Algorithmus mit einem sog. *super-optimalen* Algorithmus, d. h. einem Algorithmus, der stets beste, aber nicht in jedem Fall zulässige (bezüglich der Randbedingungen) Lösungen generiert. Sie verwenden diesen als Maß für die Leistungsfähigkeit des greedy-basierten Algorithmus und führen dafür einen sog. *relativen Performanzfaktor* ein, dessen Wert der Quotient der Kosten einer Lösung eines approximierenden Algorithmus (wie dem greedy-basiereten Algorithmus) und der Kosten einer Lösung des super-optimalen Algorithmus für eine bestimmte Eingabe ist. Dieser Performanzfaktor ist daher umso näher an 1 ist, je besser die vom approximierenden Algorithmus gelieferte Lösung an die des super-optimalen Algorithmus heranreicht. Der greedy-basierete Algorithmus erreicht dabei einen Wert von 1.1 – 1.5, was auf relativ gute Lösungen hinweist. Im Worst-Case dagegen erreicht dieser lediglich einen derartigen Wert von 4.

3.2 Der Hot-Spot-Algorithmus

Der sog. *Hot-Spot-Algorithmus* verfolgt einen abweichenden Ansatz, indem er versucht, die Surrogat-Server in der Nähe derjenigen Clients zu platzieren, die die größte Auslastung produzieren. Dazu wird für jeden der n potentiellen Standorte der dort entstehende Traffic berechnet und anschließend diese Liste anhand der berechneten Werte absteigend sortiert. Schließlich werden diejenigen Standorte ausgewählt, die die m höchsten Auslastungswerte aufweisen. Zur Berechnung des Traffics, der an einem Standort generiert wird, betrachtet der Algorithmus eine fest definierte Nachbarschaft mit Radius r, d.h. der minimalen Entfernung zwischen diesem Standort und einem anderen Knoten bzw. Client. Das Traffic-Aufkommen ist hierbei durch die Kantengewichte angegeben.

Als Laufzeit weist dieser Algorithmus zwar nur $O(n^2 + \min(n \cdot \log n, nm))$ auf, hat laut Qui et. al. jedoch einen relativen Performanzwert von ca. 1,6 – 2 im Mittel. Aufgrund des abweichenden Ansatzes im Vergleich zum Greedy-Algorithmus und des besseren Laufzeitverhaltens stellt der Hot-Spot dennoch ein vielversprechendes Verfahren zur Bestimmung der Platzierung von Surrogat-Servern dar.

3.3 Der Hot-Zone-Algorithmus

Als Verbesserung des eben beschriebenen Hot-Spot-Algorithmus sowohl bezüglich der Qualität der Lösungen als auch der Laufzeit stellen Szymaniak et. al. in [SzPS05] den sog. *Hot-Zone-Algorithmus* vor. Der Hot-Zone ist Latenz-basiert, d.h. er betrachtet die Latenzzeiten zwischen den Knoten als Kostenangaben. Diese nutzt er, um das Netzwerk in *Regionen* einzuteilen, die aus Knoten bestehen, die untereinander eine relativ geringe Latenz aufweisen. Anschließend werden in denjenigen Regionen mit der höchsten Traffic-Auslastung Surrogat-Server platziert, ähnlich wie beim Hot-Spot-Algorithmus. Da die Regionen aber deutlich kleiner als das Gesamtnetzwerk sind, wird der Aufwand für das Platzieren enorm reduziert.

Die Laufzeit dieses Algorithmus beträgt hierbei nur noch $O(n \cdot max(\log n, m))$. Durch Wegfallen des quadratischen Faktors n^2 stellt der Hot-Zone-Algorithmus eine deutliche Verbesserung bezüglich der Laufzeit zu den oben vorgestellten Algorithmen dar, da die Anzahl n an potentiellen Standorten typischerweise sehr groß ist. Ferner stellen Szymaniak et. al. fest, dass Hot-Zone Lösungen ähnlicher Qualität wie die des Greedy-Ansatzes liefert. Somit stellt HotSpot einen geeigneten Algorithmus dar, um Surrogate-Server in CDNs zu platzieren.

3.4 Weitere Forschung zum Webserver Replica Placement Problem

Die in den vorigen Abschnitten vorgestellten Algorithmen sind sogenannte *statische* Verfahren, d.h. es ist nicht ohne Weiteres möglich, eine Platzierung effizient zu ändern. *Dynamische* Placement-Algorithmen wie unter anderem von Presti et. al in [PrBP05] vorgestellt sollen es dagegen ermöglichen, Platzierungen auch bei sich ändernden Umständen neu zu berechnen, z. B. wenn sich das Traffic-Aufkommen an einem Knoten signifikant erhöht hat und ein weiterer Surrogat-Server platziert werden sol. Weitere, erst kürzlich vorgestellte Arbeiten wie u.a. [RoMa13] zeigen ferner, dass die Forschung an dynamischen Algorithmen weiterhin aktuell ist.

4 Die Auswahl der zu replizierenden Inhalte

Die Aufgabe eines CDNs ist, wie bereits erwähnt, die schnellstmögliche Auslieferung von Webinhalten an seine Clients. Diese Inhalte stammen jedoch vom Originalserver des Anbieters und müssen demnach auf die Surrogat-Server repliziert werden. Im Folgenden werden verschiedene Ansätze vorgestellt, wie dieses Problem zu bewerkstelligen ist.

4.1 Replikation des gesamten Inhaltes

Die denkbar einfachste Herangehensweise stellt die Replikation des gesamten Datenbestandes dar. Diese ist in der Regel aufgrund der sehr großen Datenmengen, die CDNs verwalten müssen, nicht praktikabel, da die Surrogat-Server große Speicherkapazitäten in Höhe der Kapazität des Original-Servers selbst benötigen würden und ferner die Synchronisation bzw. das Aktualisieren der Inhalte einen nicht unerheblichen zeitlichen Aufwand darstellen würde. Dennoch, so stellen Fujita et al in [FuIa04] fest, hat dieser Ansatz, neben der Einfachheit, den Vorteil, dass jeweils nur ein Surrogat-Server (da dieser ja den gesamten Inhalt vorbehält) angesprochen werden muss und somit einfaches DNS-Forwarding ausreichen würde.

4.2 Dynamische Replikation ausgewählter Teilinhalte

Da in den meisten Anwendungsfällen die Replikation des gesamten Datenbestandes nicht praktikabel ist, muss sich die Replikation auf Teile des Inhaltes beschränken. Bei der sogenannten *Objektreplikation* werden einzelne Objekte wie z.b. Bild- oder Videodateien betrachtet. So könnten beispielsweise große Videodateien bevorzugt ausgelagert werden, da der Zugriff auf diese am meisten Zeit in Anspruch nimmt. Ebenso ist denkbar, häufig zugegriffene Inhalte vorrangig auszulagern. Die Teilreplikation bedarf aber einer aufwändigeren Weiterleitungstechnik wie dem oben erwähnten URL-Rewriting, damit beim Zugriff auf eine Webseite auf alle ausgelagerten Inhalte zugegriffen werden kann.

Anstatt feingranulare Einzelobjekte zu betrachten, besteht auch die Möglichkeit, die Objekte in größere Gruppen zusammenzufassen, die anschließend gemeinsam repliziert werden. Fujita et al. [FuIa04] schlagen zwei unterschiedliche Ansätze vor, zum einen die *statische* und zum anderen die *dynamische Gruppenreplikation*. Bei der statischen Methode wird der Inhalt im Voraus in Gruppen eingeteilt, die dann ähnlich wie bei der Objektreplikation nach Zugriffshäufigkeit oder vergleichbaren Kriterien repliziert werden können. Die Einteilung kann z. B. nach Typ des Inhaltes oder nach der URL-Baumstruktur geschehen. Das dynamische Verfahren dagegen gruppiert die Inhalte erst bei der Replikation selbst, so können beispielsweise Objekte mit ähnlicher Zugriffshäufigkeit in einer gemeinsame Gruppe vereint werden. Ferner kann hierbei eine Analyse des Nutzerverhaltens stattfinden, um thematisch zusammenhängenden Inhalt gruppieren zu können. Das dynamische Verfahren hat aber den Nachteil des großen Rechenaufwands bei der Gruppierung, sodass eine derartige Einteilung nicht allzu häufig stattfinden sollte, je nach genauem Rechenaufwand sind unterschiedliche Zeitintervalle denkbar und praktikabel.

Durch die Teilreplikation kann also nur der vom Nutzer als relevant betrachtete Inhalt auf die ihm nächstgelegenen Surrogat-Server ausgelagert werden. So würden beispielsweise in einem großen sozialen Netzwerk Surrogat-Server, die in Deutschland platziert sind, vorwiegend diejenigen Inhalte vorhalten, die häufig bzw. bevorzugt von deutschen Nutzern aufgerufen werden.

5 Auslagerung der Inhalte

Die oben beschriebenen Verfahren bestimmen, welche Inhalte überhaupt repliziert bzw. in das CDN ausgelagert werden sollen und wie diese Inhalte zu gruppieren sind. Für den konkreten Vorgang, auf welche Art und Weise diese Inhalte nun vom Original-Server auf die einzelnen Surrogat-Server kopiert werden sollen, wurden drei unterschiedliche Verfahren entwickelt, die im folgenden Abschnitt näher erläutert werden.

5.1 Cooperative-Push-Based

Beim sogenannten *Cooperative-Push-Based-Verfahren* werden die Inhalte im Voraus vom Original-Server auf den Surrogat-Server geladen bzw. *„gepuscht"* [Spie08]. Diese Inhalte werden basierend auf der Analyse der bereits bekannten Präferenzen der Clients, die auf diesen Surrogat-Server zugreifen, ausgewählt. Dieses Verfahren verhindert, dass Inhalte, die von Clients angefordert werden, nicht verfügbar sind und nachgeladen werden müssten (sog. *Cache-Miss*). Es werden dabei zwei unterschiedliche Ansätze zur Bestimmung der Präferenzen verwendet, zum einen der grobgranulare *User-Session-basierte* Ansatz sowie der feinkörnigere *URL-basierte* Ansatz.

Beim *User-Session-basierten* Ansatz werden die Log-Dateien des Surrogat-Servers auf Historie- sowie demographische Daten analysiert und anhand dieser die den bereits auf dem Surrogat-Server befindlichen am ähnlichsten erachtete Inhalte gruppiert und diese vom Original-Server auf den Surrogat-Server kopiert. Kriterien für das Gruppieren können alle denkbaren Informationen, die während einer Benutzer-Session anfallen, sein, wie zum Beispiel IP-Adressen, verwendete Hyperlinks o.ä. Prinzipiell ähnelt dieser Ansatz den bereits bei der Teilreplikation verwendeten Verfahren, mit dem Unterschied, dass hier explizit die Benutzer-Informationen der jeweiligen Surrogat-Server ausgewertet werden.

Der *URL-basierte* Ansatz dagegen versucht diese Gruppierung anhand der URL-Baumstruktur durchzuführen, unterscheidet sich somit nicht wesentlich von dem oben erwähnten statischen Verfahren, das für die Teilreplikation verwendet werden kann.

Das Cooperative-Push-Based-Verfahren ist bisher jedoch nur ein akademischer Ansatz, da es noch bei keinem kommerziellen CDN-Anbieter in Verwendung ist.

5.2 Uncooperative-Pull-Based

Das *Uncooperative-Pull-Based-Verfahren* ist im Gegensatz zum oben erläuterten Cooperative-Push-Based-Verfahren eine Methode, bei der Cache–Misses auftreten können [Spie08] [PaVa06]. Bei diesem Verfahren werden die Anfragen nach Ressourcen, die nicht auf dem Surrogat-Server verfügbar sind, auf den Original-Server oder einen benachbarten Surrogat-Server, der die angeforderte Ressource vorenthält, umgeleitet. Der Surrogat-Server, auf dem der Cache-Miss auftrat, lädt anschließend die angeforderte Ressource vom Original-Server nach, sodass sie nun für zukünftige Anfragen sofort verfügbar ist. Der Surrogat-Server, an den die ursprüngliche Anfrage geleitet wird, wird dabei lediglich anhand von Auslastungs- oder Verbindungsinformationen ausgewählt (in der Regel ist dies der dem Client nächstgelegene Surrogat-Server), ohne den Cache-Status des jeweiligen Surrogat-Servers zu beachten. Bei diesem Verfahren ist somit im Gegensatz zum oben beschriebenen Cooperative-Push-Based-Verfahren keine Analyse der Zugriffsmuster nötig.

5.3 Cooperative-Pull-Based

Im Gegensatz zum im vorigen Abschnitt beschriebenen Uncooperative-Pull-Based-Verfahren findet beim *Cooperative-Pull-Based-Verfahren* eine Kooperation der Surrogat-Server untereinander statt, sodass der Original-Server nicht mehr in das Verfahren involviert ist. Man unterscheidet dabei die *zentralisierte* Methode sowie die *dezentralisierte* Methode [Spie08]. Bei der zentralisierten Methode fungieren einzelne Surrogat-Server als Mittler, an die eine Cache-Anfrage gesendet wird. Der zentrale Surrogat-Server hält dabei Informationen über seine benachbarten Surrogat-Server vor und kann somit bestimmen, an welchen Surrogat-Server der anfragende Surrogat-Server seine Weiterleitungs-Anfrage richten muss. Ein Nachteil der zentralisierten Methode ist, dass im Falle eines Ausfalls des Zentralservers das System versagt, sofern keine redundanten Zentralserver eingerichtet worden sind.

Die dezentrale Methode dagegen verzichtet auf einen derartigen Zentralserver und arbeitet stattdessen mit Broadcast-Nachrichten, d.h. der anfragende Surrogat-Server richtet an alle benachbarten Surrogat-Server jeweils eine Cache-Anfrage. Dabei kommt in der Regel das leichtgewichtige *Internet Cache Protocol* [WeCl97] zum Einsatz. Zwar erhöht sich durch das Fehlen des Zentral-Servers die Ausfallsicherheit, aber das Versenden der Broadcast-Nachrichten führt zu einer höheren Wartezeit im Falle von Cache-Misses auf allen benachbarten Surrogat-Servern. Der anfragende Surrogat-Server muss in diesem Fall warten, bis alle befragten Surrogat-Server geantwortet haben, und kann erst dann feststellen, ob eine Ressource nicht verfügbar ist und somit stattdessen vom Original-Server geladen werden muss.

5.4 Ausblick

Trotz der Tatsache, dass die pull-basierten Verfahren neue Inhalte erst bei Cache-Misses anfordern und somit jede erste Anfrage an eine Ressource weitaus länger dauern kann als im Falle eines Cache-Hits, ist dieses Verfahren Stand-der-Technik und wird von vielen großen CDN-Anbietern verwendet. Die pusch-basierte Methode dagegen hat den experimentellen Status noch nicht verlassen. Sofern die Vorhersagequalität des proaktiven Verhaltens die Cache-Miss-Rate auf ein Minimum reduzieren kann, dürfte das Push-Verfahren jedoch einen Vorteil gegenüber den anderen Verfahren bieten. Somit würden auch Inhalte, die erst neu dem CDN hinzugefügt wurden, bereits ab dem ersten Zugriff vom Surrogat-Server geladen werden. Ein Nachteil der proaktiven Vorhersage ist aber der nicht unerhebliche Analyseaufwand. Für den Einsatz in Produktivsystemen müsste daher ein ausgewogener Zeitplan erstellt werden, um den Aufwand gering zu halten, aber das Erkennen aktueller Benutzertrends zu garantieren.

6 Hybride Content Delivery Networks

Eine Alternative zur Auslieferung von Inhalten, insbesondere von Video-Streams, stellen die sog. *Peer-To-Peer-*, kurz *P2P*-Netze dar. Ein solches P2P-Netzwerk besteht aus gleichberechtigten Clients, den sog. *Peers*, die Daten ohne der Notwendigkeit der Interaktion mit einem zentralen Server austauschen können. Im Falle des Video-Steamings können Peers (d.h. einzelne Endnutzer) Video-Inhalte direkt von (geografisch) benachbarten Peers abrufen und sind somit nicht von der Qualität der Verbindung zum Original-Server abhängig [LuWY12].

Jedoch weisen diese P2P-Netze aufgrund ihrer dezentralen Struktur eine schwächere Stabilität sowie eine geringere Zuverlässigkeit als Client-Server-Netzwerke wie CDNs auf. Sie haben jedoch den Vorteil, dass mit jedem neuen Endnutzer ein neuer Peer seine Bandbreite und Rechenkapazität für das Streaming anbieten kann. Ziel des P2P-Ansatzes ist es vor allem, ungenutzte Upstream-Kapazität auszuschöpfen: Das gesamte Netz wird entlastet, sobald ein

Video-Inhalt vom Original-Server auf die Peers geladen worden ist, und der Datenaustausch über diese stattfinden kann.

Im Falle einer weltweiten Nutzerverteilung treten hier jedoch ebenfalls vergleichbare Probleme auf, wie sie bereits in Abschnitt 2 beschrieben wurden. Beispielsweise können Anfragen der Peers ebenfalls zu langen Latenzzeiten führen, wenn der Original-Server entlegen ist oder eine hohe Netzauslastung herrscht. Durch die Kombination eines CDNs mit dem P2P-Netzwerk können diese Probleme vermieden werden. Ein solches Netzwerk wird als *Hybrides Content Delivery Network*, kurz *HCDN*, bezeichnet. HCDNs unterscheidet man in zwei Kategorien, die im Folgenden erläutert werden.

6.1 Peer-aided CDNs

Ein sog. *Peer-aided CDN*, kurz *PAC*, besteht aus einem herkömmlichen CDN, dessen Clients ein P2P-Netz bilden. In einem PAC werden Inhalte zwar hauptsächlich über das CDN ausgeliefert, das P2P-Netz kann aber die Surrogat-Server entlasten, indem es einzelne Anfragen an benachbarte Peers weiterleitet [LCWD+13].

Als Beispiel eines PAC-basierten CDNs wird im Folgenden die Methode des CDN-Marktführers *Akamai Technologies* vorgestellt [AfLP08]. Das von Akamai betriebene HCDN basiert größtenteils auf dem DNS-Forwarding: Wird von einem Client bzw. Peer eine Ressource angefragt, wird diese Anfrage zunächst an das CDNs weitergeleitet. Dieses gibt eine Metadatei zurück, die eine Menge von Domain-Einträgen enthält. Diese Domains zeigen entweder auf ein P2P-Netzwerk oder auf einen Surrogat-Server des CDNs. Der Peer sendet nun DNS-Anfragen an das CDN, um eine solche P2P-Domain aus dieser Metadatei aufzulösen. Der DNS-Server des CDNs versucht nun einen geeigneten, nahegelegenen Peer zu identifizieren. Wird ein solcher Peer gefunden, wird dessen Adresse zurückgegeben, und die Ressource kann von diesem Peer heruntergeladen werden. Schlägt diese DNS-Anfrage aber fehl, wird diejenige Domain aufgelöst, die auf den Surrogat-Server zeigt. Der Peer kontaktiert nun diesen Surrogat-Server, der nun entweder die Ressource direkt anbieten oder auf einen anderen Peer verweisen kann. Das HCDN von Akamai versucht also, erst einen Peer zu kontaktieren, bevor es einen Surrogat-Server anfragt, und entlastet somit das CDN.

6.2 CDN-aided P2P

Die sog. *CDN-aided P2P-Netze*, kurz *CAP*, dagegen sind „normale" P2P-Netze, die aber als Backup-Lösung auf ein CDN zugreifen können [LCWD+13]. Verbindet sich ein neuer Peer in ein CAP-HCDN, wird er zunächst durch einen sog. *P2P-Tracker* in das P2P-Netzwerk eingebunden. Ein solcher P2P-Tracker ist ein (stabiler) Peer, der Metadaten über das P2P-Netz zur Verfügung stellt. Ist es nun einem Peer nicht möglich, genug Inhalte aus dem P2P-Netz abzurufen, kontaktiert dieser Peer den P2P-Tracker, der die Anfragen des Peers dann an das angebundene CDN weiterleitet. Im Gegensatz zur PAC-Methode findet der Zugriff auf das CDN nur im Ausnahmefall statt, wenn nicht genug Inhalte aus dem P2P-Netz abgerufen werden können.

7 Anbieter von Content Delivery Networks

Für einen Betreiber einer großen Webplattform wäre es in der Regel zu umständlich ein CDN selbst aufzubauen. Es müssten zahlreiche Surrogat-Server beschaffen und die Infrastruktur aufgebaut sowie gewartet werden. Anstatt ein CDN selbst zu betreiben, gibt es eine Anzahl kommerzieller Anbieter von CDNs, die ihre CDN-Infrastruktur an Website-Betreiber vermieten. Diese Anbieter sind spezialisiert auf die CDN-Technik und tragen auch zu einem wesentlichen Anteil zur Forschung an CDNs bei.

7.1 Marktübersicht

Es haben sich zahlreiche derartige Anbieter etabliert, u. a. *Akamai Technologies, Limelight Networks* und *CDNetworks* sowie *ChinaNet Center* [GrKa14]. Akamai ist mit Abstand der größte Anbieter von CDNs mit weltweit über 2400 Standorten, ChinaNet Center folgt mit ca. 560 Standorten (hauptsächlich in Asien). Laut Akamai[3] ist ihr CDN für 15 bis 30 % des weltweiten Traffic-Aufkommens verantwortlich, und zu ihren Kunden zählen große soziale Netzwerke wie u. a. *Facebook*. CDNs stellen somit die Grundlage vieler heutiger Webplattformen dar.

7.2 Preisermittlung für CDNs

Eine Herausforderung für CDN-Anbieter ist die sinnvolle Ermittlung der Preise, für die ein CDN an Kunden vermietet werden soll [PaVa06]. Aufgrund der hohen Komplexität eines CDNs ist eine solche Preisfindung nicht trivial. Viele Faktoren bestimmen den Mietpreis eines CDNs, u. a. Kosten für die Bandbreite, Anzahl der Surrogat-Server, Größe des zu replizierenden Inhalts, Wartungskosten etc. So gibt es mehrere Forschungsbemühungen zu diesem Thema, beispielsweise schlagen Hosanagar et al. folgendes Preismodell vor [HCKS06]: Es sind Volumen-Rabatte zu gewähren, falls das Traffic-Aufkommen einfach vorherzusagen ist, z.B. nur periodisch schwankt oder nahezu konstant ist. Erzeugen die Inhalte eines Kunden dagegen unvorhergesehene, kurze Traffic-Perioden mit hoher Auslastung, sollten statt Rabatten eher Aufpreise für zu hohes Traffic-Aufkommen verlangt werden, da ansonsten die Dienstgüte nicht gewährleistet werden könne. Starke Schwankungen erschweren jedoch eine genaue Preisermittlung. Daher empfehlen Hosanger et. al ferner eine Perzentil-basierte Abrechnung. Bei dieser Methode wird nur ein bestimmter, unterer Anteil der Traffic-Auslastung angerechnet, z. B. das 95. Perzentil. Im Falle starker Ausreißer kann eine derartige Preisermittlung jedoch problematisch sein, wie in einer aktuellen Studie des Anbieters *Citrix Systems* erläutert [Citr14]. Stattdessen wird ein Preismodell empfohlen, das auch die maximale Auslastung in die Preisermittlung mit einbezieht.

8 Schluss

Content Delivery Networks stellen heutzutage das Fundament vieler populärer Webanwendungen dar und haben sich innerhalb weniger Jahre zu einer der bedeutendsten Technologien des Internets entwickelt. Wie alle modernen Technologien unterliegen sie jedoch einem ständigen Wandel. Immer effizientere Placement-Algorithmen wie der Hot-Zone-Algorithmus zeigen, dass die Forschung an den theoretischen Grundlagen, auf denen CDNs aufbauen, bei Weitem noch nicht abgeschlossen ist. Neuere Ansätze wie die hybriden CDNs weisen ferner darauf hin, welche zusätzlichen Möglichkeiten sich dadurch ergeben, wenn mehrere Technologien miteinander kombiniert werden. Für den CDN-Markt wird ein enormes Wachstumspotential prognostiziert [GrKa14], und CDNs sind bereits heute verantwortlich für einen großen Anteil an der Wertschöpfung, die durch die Verwendung von Internet-Angeboten wie sozialer Netzwerke oder ähnlicher Kommunikationsplattformen entsteht. So ist es auch in Zukunft zu erwarten, dass es weitere, bedeutende Entwicklungen auf dem Gebiet CDNs geben wird.

---

[3]Quelle: http://www.akamai.com

Literatur

[AfLP08]   Michael Afergan, Thomson Leighton und Jay Parikh. Hybrid content delivery
            network (CDN) and peer-to-peer (P2P) network. *US Patent 2008/0155061*,
            Juni 2008. http://www.freepatentsonline.com/y2008/0155061.html.

[Citr14]   Inc. Citrix Systems. Improving CDN Capacity Utilization with Peak-Load
            Pricing, 2014. http://www.citrix.com/content/dam/citrix/en_us/
            documents/products-solutions/
            improving-cdn-capacity-utilization-with-peak-load-pricing.pdf.

[FuIa04]   Norihito Fujita, Yuichi Ishikawa und Atsushi Iwata et al. Coarse-grain replica
            management strategies for dynamic replication of Web contents. *Computer
            Networks* Band 45, 2004, S. 19–34.

[GrKa14]   Mark Grannan und Philipp Karcher. CDN And Digital Acceleration Vendor
            Landscape, Q3 2014. Juli 2014. http://www.akamai.com/dl/whitepapers/
            cdn-and-digital-acceleration-vendor-landscape.pdf.

[HCKS06]   Kartik Hosanagar, John Chuang, Ramayya Krishnan und Michael Smith.
            Service Adoption and Pricing of Content Delivery Network (CDN) Services.
            Management Science 54(09), Dezember 2006.

[KrWZ01]   Balachander Krishnamurthy, Craig Wills und Yin Zhang. On the Use and
            Performance of Content Distribution Networks. *IMW '01 Proceedings of the
            1st ACM SIGCOMM Workshop on Internet Measurement*, November 2001,
            S. 169–182.

[LCWD+13]   Zhi-Hui Lv, Li-Jiang Chen, Jie Wu, Da Deng, Si-Jia Huang und Yi Huang.
            PROSE: Proactive, Selective CDN Participation for P2P Streaming. *Journal
            of Computer Science and Technology* 28(3), Januar 2013.

[LuWY12]   Zhihui Lu, Ye Wang und Yang Richard Yang. An Analysis and Comparison of
            CDN-P2P-hybrid Content Delivery System and Model. *Journal of
            Communications* Band 7, Juli 2012.

[NySS10]   Erik Nygren, Ramesh K. Sitaraman und Jennifer Sun. The Akamai Network:
            A Platform for High-Performance Internet Applications. *ACM SIGOPS
            Operating Systems Review* Band 44, Juli 2010.

[PaVa06]   George Pallis und Athena Vakali. Insight and Perspectives for Content
            Delivery Networks. *Communications of the ACM* 49(1), Januar 2006,
            S. 101–106.

[PrBP05]   Francesco Lo Presti, Novella Bartolini und Chiara Petrioli. Dynamic replica
            placement and user request redirection in content delivery networks. *2005
            IEEE International Conference on Communications* Band 3, Mai 2005.

[QiPV01]   Lili Qiu, Venkata N. Padmanabhan und Geoffrey M. Voelker. On the
            Placement of Web Server Replicas. *Proceedings - IEEE INFOCOM*, Juni 2001.

[RoMa13]   Moises Rodrigues, Andre Moreira und Marcio Neves et al. Optimizing Cross
            Traffic with an Adaptive CDN Replica Placement Strategy. *ANSS 13
            Proceedings of the 46th Annual Simulation Symposium* (14), Juli 2013.

[Spie08]   Christian Spielvogel. A Proxy-To-Proxy (X2X) Framework for Multimedia
             Adaptation and Delivery. 2008.
             http://www-itec.uni-klu.ac.at/theses/phd/spielvogel-2008.pdf.

[SzPS05]   Michal Szymaniak, Guillaume Pierre und Maarten van Steen. Latency-Driven
             Replica Placement. *SAINT '05 Proceedings of the The 2005 Symposium on
             Applications and the Internet*, Januar 2005, S. 399–405.

[WeCl97]   D. Wessels und K. Claffy. RFC 2186: Internet Cache Protocol (ICP), version
             2. September 1997. http://tools.ietf.org/html/rfc2186.

BEI GRIN MACHT SICH IHR WISSEN BEZAHLT

- Wir veröffentlichen Ihre Hausarbeit,
  Bachelor- und Masterarbeit

- Ihr eigenes eBook und Buch -
  weltweit in allen wichtigen Shops

- Verdienen Sie an jedem Verkauf

Jetzt bei www.GRIN.com hochladen
und kostenlos publizieren